www.ingramcontent.com/pod-product-compliance
Lightning Source LLC
LaVergne TN
LVHW081214120825
818473LV00012B/454
* 9 7 8 1 6 9 7 9 2 4 3 3 6 *